Hugo et les rois
Être et Avoir

ou comment accorder
les participes passés sans se tromper !

Anne-Marie Gaignard
Illustrations de François Saint Remy

LE ROBERT

Hugo va relever plusieurs défis. La confiance en soi qu'il retrouve au moment de la dictée est aussi importante que ses victoires.

Ce conte ouvre sur la maîtrise de quelques règles de grammaire. Le texte est efficace parce qu'il est bref – au prix de quelques raccourcis ; sa magie n'est pas universelle.

Sont traités ici les participes passés où la finale orale correspond à **é**, **i**, **u**. On réserve à un autre ouvrage les participes passés où la finale écrite ne correspond pas à l'oral (*pris, dit, conduit*, etc.). Les phrases exemples sont simples, évitant l'objet pronom (*en, le*, etc.).

Notre vœu : aider à relever plusieurs "défis" essentiels et redonner envie de progresser. Une première victoire aide à se sentir capable d'affronter les défis suivants.

L'éditeur

Édition : Pierre Varrod
Conception graphique et direction artistique : Tourbillon
Correction : Annick Valade, Brigitte Orcel
Coordination fabrication : Maud Laheurte

ISBN : 2-85036-978-0

Chapitre 1
Une drôle de visite...

• • •

Hugo est couché depuis deux heures déjà et la maison est plongée dans le silence. Son radio-réveil indique presque minuit.

Il attend le sommeil, qui ne vient pas. Dans le creux de son lit, il pense à demain, jour de la dictée, et il s'inquiète. Pourtant sa maman l'a aidé à préparer cette dictée. Il a passé beaucoup de temps à apprendre des règles de grammaire, ses mots de vocabulaire et surtout l'accord des participes passés, mais rien n'y fait ; il a vraiment très peur de ne pas réussir. Hugo pense toujours qu'il ne va pas y arriver.

Depuis la rentrée, il collectionne les zéros à toutes les dictées, même lorsqu'il fait très attention. Il est de plus en plus déçu... Son voisin à l'école se moque de lui. Il chante tout bas :

– Hugo le nul ! Hugo le nul ! T'as eu la bulle !

Des larmes coulent doucement sur ses joues.

Soudain, dans sa chambre, une petite lueur s'approche de lui. Elle tourbillonne autour du lit et Hugo croit qu'il rêve.

– Mais non, se dit-il. C'est impossible, je n'ai pas commencé à dormir... Mais alors qu'est-ce que c'est ?

À cet instant, la lueur dansante se transforme en une minuscule fée. Elle est belle dans sa robe couleur de feu !

– Bonsoir Hugo. N'aie pas peur. Je suis la fée Nina. Ne pleure plus, je suis là. Je vais t'aider.

– Tu peux vraiment m'aider ? dit Hugo à voix basse, pour ne pas réveiller toute la maison.

– Oui, Hugo, et pour cela, tu devras gagner quatre clés. Quatre clés magiques. Alors, écoute-moi bien !

Demain, lorsque tu auras ton stylo bien en main

pour écrire ta dictée, dis-toi qu'il est magique,

et pense très fort à moi ! Pose à côté de toi,

sur ta table de travail, un crayon et

une gomme !

La dictée va commencer, tu vas repérer

des participes passés qui se terminent par

les sons : **é** ; **i** ; **u**.

Dès que tu entendras un de ces trois sons,

mets-toi en alerte !

Fais un petit trait au crayon sous le **é**,

le **i** ou le **u** que tu écris. Surtout, promets-moi

de ne plus faire comme avant ! Ne mets plus au hasard

une terminaison avec : « er » ou « ez » ou « ées » ou « is » ou « ue »

sans savoir pourquoi.

Tu me le promets ?

– D'accord, répond Hugo.

Et il répète :

– J'écoute bien la fin de ces mots ; je m'arrête dès que j'entends **é, i** ou **u**. Je souligne d'un trait la fin du participe passé que j'ai écrit tout nu :

      é s'il se termine en **é**   Hugo s'est amus<u>é</u>.

      i s'il se termine en **i**   Hugo a enfin r<u>i</u>.

      u s'il se termine en **u**   Hugo a tout s<u>u</u>.

– Oui, Hugo, je crois que tu commences à comprendre, répond Nina. Maintenant, écoute-moi bien et regarde !

La fée, d'un coup de baguette, fait apparaître au pied du lit un écran magique, et elle écrit du bout de son index :

Les girafes sont [part<u>i</u>] à la chasse au crocodile.

– Tu vois, j'ai entendu **i**, alors, je laisse comme ça, j'ai juste mis un petit trait sous le son **i**. Et maintenant, Hugo, regarde qui entre en scène !

C'est alors que, sur l'écran magique, apparaît... un roi.

Hugo est émerveillé.

– Mais qui est ce roi ? chuchote-t-il.

– Hugo, je te présente le roi ÊTRE, le roi le plus gentil qui soit ! Il aime ses sujets. Il s'intéresse à eux. Tous les gens qui vivent dans son royaume sont contents de l'avoir pour roi.

Bonsoir, Hugo. Je suis souvent présent dans les phrases que tu écris, mais tu ne me remarques pas toujours... Maintenant, cherche-moi dans la phrase que Nina a écrite sur le tableau magique.

Hugo réfléchit et se dit : ÊTRE c'est … ? Et il récite tout bas :

Je **suis**

Tu **es**

Il ₒᵤ elle ₒᵤ on **est**

Nous **sommes**

Vous **êtes**

Ils ₒᵤ elles **sont**

et je peux dire aussi : **être** parti ₒᵤ **était** parti ₒᵤ **sera** parti.

– Je t'ai trouvé ! dit Hugo. Tu es bien dans la phrase que Nina a écrite sur le tableau magique.

Tu es habillé en : **sont**.

– Bravo ! dit le roi ÊTRE. Maintenant, à chaque fois que tu me rencontreras dans une phrase, tu me poseras toujours la même question, et tu verras que tu ne te tromperas plus jamais.

– Quelle question ?

– Tu dois me demander :

« QUI EST-CE QUI EST ? »

et chercher toi-même la réponse à la question.

– D'accord, dit Hugo, le cœur battant, et il se met à réfléchir...

Les girafes sont [part<u>i</u>].

– Ce n'est pas fini, dit le roi ÊTRE. On dit :

Un girafe ou **une** girafe ?

– On dit **une** girafe, répond Hugo. C'est féminin.

– Alors que dois-tu faire ? demande le roi ÊTRE.

– Je dois.... Je dois... accorder mon participe passé qui se termine en **i** pour qu'il devienne **féminin**.

– Encore bravo ! dit le roi ÊTRE. Tu as presque gagné ta première clé.

Tu peux maintenant mettre un **e** à la fin du participe passé « parti ».

Hugo s'approche de l'écran magique et forme un **e** avec son doigt.

– Il y a autre chose...

– Oui, j'ai trouvé ! Elles sont plusieurs à être parties.

– Alors que dois-tu faire, maintenant, pour gagner ta première clé de la réussite ?

– Je dois mettre un **s** après mon **e**.

– Fantastique ! s'écrie le roi ÊTRE. Regarde ta phrase, maintenant. Elle est juste.

Les girafes sont parties
à la chasse au crocodile.

Si tu fais toujours comme cela, tu n'auras plus jamais de problème avec moi.

– Hugo, si je te demande à présent d'écrire sur le tableau magique :

Les panthères sont [énerv<u>é</u>]
par les cris des ouistitis.

Comment vas-tu t'y prendre ?

Hugo s'approche et écrit la phrase sous le regard attentif du roi ÊTRE. Il s'arrête pour souligner le **é** de énerv**é**, et il se dit : « sont », c'est le verbe être, puisque je peux dire « **étaient** énerv**é** », donc je te demande, roi ÊTRE :

QUI EST-CE QUI EST [énerv<u>é</u>] ?

Les panthères !
Féminin, pluriel.

Tu me réponds :

– J'accorde avec un **e** pour le féminin et puis un **s** pour le pluriel.

Voilà ! Hugo regarde une dernière fois son œuvre en prenant soin d'effacer les petits traits :

Les girafes sont parties à la chasse au crocodile.

Les panthères sont énervées par les cris des ouistitis.

– Félicitations ! Hugo. Tu as tout compris ! Tu as bien réussi !

Et il lui tend sa première clé.

Elle est minuscule. Hugo la serre très fort dans sa main.

– Je suis le roi ÊTRE. Je m'habille souvent de façon différente, mais tu sauras me retrouver facilement : je suis le plus gentil des rois. Il te suffit de dire, pour t'aider, ÊTRE VENU ou ÊTRE PARTI ou ÊTRE EMMENÉ, et voilà, tu sais alors que c'est moi. Hugo, répète-moi encore quelle question tu dois me poser avant que je m'en retourne dans mon royaume.

– **QUI EST-CE QUI ?** cher roi.

– Adieu, Hugo ! ne m'oublie jamais. Je me cache parfois dans les phrases, mais je sais que tu me retrouveras maintenant.

– Merci ! Oh ! Merci ! gentil petit roi. Je penserai très fort à toi quand je te trouverai dans mes dictées. C'est promis, jamais je ne t'oublierai.

Et le roi ÊTRE disparaît.

Hugo est assis sur son lit. La fée Nina est toujours là.

– Tu vois, Hugo, je t'avais promis de t'aider. Es-tu rassuré maintenant ?

– Oh, oui ! Nina. Merci, merci beaucoup.

La fée se penche vers Hugo et lui chuchote à l'oreille :

– Bonne nuit. Demain matin, je serai là. Je te réveillerai et je t'aiderai à gagner ta deuxième clé. Tu peux être fier.

Hugo ferme les yeux.

Quand Nina dépose un baiser sur sa joue, Hugo dort déjà...

À toi de gagner !

- Les zèbres sont [allé] jusqu'à la mare pour boire.

  Les zèbres sont allés jusqu'à la mare pour boire.

- Les crocodiles étaient déjà [descendu] dans l'eau pour se cacher.

  Les crocodiles étaient déjà descendus dans l'eau pour se cacher.

- Les femelles sont vite [sorti] de l'eau pour prévenir le troupeau.

  Les femelles sont vite sorties de l'eau pour prévenir le troupeau.

- Les jeunes zèbres sont [reparti] mécontents, mais vivants !

  Les jeunes zèbres sont repartis mécontents, mais vivants !

- Les crocodiles regrettent que les zèbres soient [reparti] si vite.

  Les crocodiles regrettent que les zèbres soient repartis si vite.

Chapitre 2
Le roi méchant

● ● ●

Comme promis, au petit matin, la fée Nina est là, près de Hugo. Elle est arrivée avec les premières lueurs du jour qui filtrent à travers les volets.

De sa baguette magique, elle tapote le bout du nez de Hugo.

– Bonjour Hugo. As-tu bien dormi ?

– Oui, Nina, et grâce à toi. J'ai rêvé de Noël, et il y avait beaucoup de neige, c'était beau.

– Hugo, rappelle-toi, tu dois obtenir ta deuxième clé. Il nous reste peu de temps. Dépêchons-nous...

À nouveau, l'écran magique fait son apparition.

– Hugo, tu te souviens que tu dois toujours être en alerte lorsque tu entends un participe passé qui se termine par le son **é**, **i** ou **u**.

– Oui, Nina, je n'ai rien oublié.

– Alors, regarde ce que j'écris.

Nina s'approche de l'écran magique et écrit :

Les jaguars ont [gagné] la course contre les lions.

La gazelle que le lion a [attendu] dort encore.

Les chameaux avaient [bu].

– Et regarde maintenant qui entre en scène !

Sur l'écran magique apparaît un nouveau roi. Il semble de très mauvaise humeur.

Le roi se met à taper du pied, l'œil méchant, et marmonne :

– Je suis le roi AVOIR. Je suis d'humeur changeante. Parfois, je décide de faire le sourd aux questions que l'on me pose et, de temps en temps, j'aime bien défier les petits malins qui me cherchent. Mais tu dois savoir une chose, je suis très différent du roi ÊTRE. Aucun sujet ne m'intéresse, jamais. Ça m'est complètement égal de savoir qui fait l'action. C'est comme ça avec moi !

Hugo, très attentif, attend la suite...

– Tu me croises souvent dans les phrases sans t'en apercevoir. Maintenant, cherche-moi dans les trois phrases que la fée a écrites sur le tableau magique !

Les jaguars ont [gagné] la course contre les lions.

La gazelle que le lion a [attendu] dort encore.

Les dromadaires avaient [bu].

Hugo réfléchit et se dit : AVOIR c'est... et il récite tout bas la conjugaison :

> J'**ai**
>
> Tu **as**
>
> Il, elle ₒᵤ on **a**
>
> Nous **avons**
>
> Vous **avez**
>
> Ils ₒᵤ elles **ont**.

Et je peux dire aussi **avoir** gagné, **avoir** attendu, **avoir** bu...

– Je t'ai trouvé, dit Hugo. Tu es bien dans les trois phrases que Nina a écrites pour moi sur le tableau magique ! Tu t'es habillé :

en « **ont** » dans « Les jaguars **ont** [gagné] la course contre les lions »,

en « **a** » dans « La gazelle que le lion **a** [attendu] dort encore »,

en « **avaient** » dans « Les dromadaires **avaient** trop [bu] ».

– HUM ! dit le roi AVOIR. Tu es un petit malin, Hugo, mais on va voir si tu peux éviter mes pièges. À chaque fois que tu me trouveras dans une phrase, tu devras toujours me poser deux questions après les participes passés se terminant en **é**, **i** et **u**.

– Ah ! dit Hugo. Et quelles sont ces questions ?

– Tu dois me demander : « **QUI** ou **QUOI** ? » et être capable de trouver toi-même la réponse à ces questions.

– D'accord, dit Hugo, et il se met à réfléchir...

Soudain, un mur vient se dresser juste après « gagné » sur le tableau magique.

Les jaguars ont [gagné]

– Tu veux savoir pourquoi je suis méchant ? ricane le roi AVOIR. Tu dois maintenant grimper sur ce mur, sauter de l'autre côté et crier : « Les jaguars ont gagné **QUOI** ? »

Hugo passe à l'action. Il entre dans le tableau magique, escalade le mur, puis il saute de l'autre côté en s'écriant : **Les jaguars ont gagné QUOI** ?

– Quelle réponse vas-tu me donner ? dit le roi en se penchant
d'un air méchant vers Hugo.

Hugo lui répond :

J'ai trouvé la réponse tout
de suite ! Facile, elle est là,
devant moi :
" la course contre les lions ".

la course contre les lions.

La fée glisse à l'oreille de Hugo :
– C'est bien, file, passe ton chemin sans te retourner. Dans ce
cas-là, n'accorde surtout pas ! File, je te dis !

Hugo revient alors s'asseoir sur son lit.

– Et voilà, roi AVOIR :

Les jaguars ont gagné la course contre les lions.

Le roi AVOIR lève les sourcils : il ne comprend pas comment Hugo a fait pour savoir qu'il ne fallait pas accorder.

– Passons à la deuxième phrase, maintenant.

Hugo lit :

La gazelle que le lion a [attend<u>u</u>] dort encore.

De nouveau le mur se dresse, juste après « attendu ». Hugo fait comme pour la première phrase. Il entre dans l'écran magique, grimpe en haut du mur et saute de l'autre côté en criant :

« **Le lion a attendu QUOI ?** »

Il entend alors le roi lui demander :

– Quelle réponse vas-tu me donner, cette fois, Hugo ?

Hugo se gratte la tête, il est bien embêté :

La gazelle que le lion a [attend<u>u</u>] dort encore.

« ...dort encore », ce n'est pas une réponse, ça !

Hugo hésite :

– Roi AVOIR, je ne peux pas te répondre, il faut que je remonte de l'autre côté du mur pour aller chercher la réponse à ta question.

La gazelle
que le lion a [attend_u_]

La fée glisse à l'oreille de Hugo.

– Très bien, Hugo, remonte le mur, et si tu dois le remonter, que cela serve à quelque chose !

Et là, Hugo pense tout bas... J'ai deviné ! « le lion a **attendu QUOI** ? » Réponse : « **la gazelle** ». Je dois accorder mon participe passé avec « la gazelle ». Je pose un **e** pour le féminin.

Il écrit sa réponse sur le tableau magique :

La gazelle que le lion a attendue dort encore.

Et le roi tombe à la renverse.

– Ce garçon est très intelligent, se dit-il ! Alors là, je n'en reviens pas !

Mais le roi AVOIR ricane :

– Je suis très en colère à cause de toi ! Mais je n'ai pas dit mon dernier mot. Il te reste maintenant à trouver la bonne réponse pour la dernière phrase.

Le roi se frotte les mains. Hugo observe la dernière phrase de la fée Nina et se dit :

– Il y a sûrement encore un piège dans cette phrase.

Alors il réfléchit et lit :

Les chameaux avaient [bu].

Le mur fait son apparition de nouveau juste après « bu ».

Hugo l'escalade et saute en criant :

Les chameaux avaient [bu] QUOI ?

– Quelle réponse vas-tu me donner, Hugo ?

Hugo est pris de panique. La phrase s'arrête là. Comment se sortir de cette impasse ?

Il se gratte la tête un petit moment... et entend à nouveau la voix de Nina :

– Hugo, ne te complique pas la vie. La phrase ne donne pas de réponse, alors file, c'est tout !

– C'est vrai, se dit Hugo, même si je remontais le mur, je ne trouverais pas la réponse.

– Je ne peux pas répondre à cette question, roi AVOIR. Alors je file sans me retourner. Je décide de ne rien accorder du tout. Voilà :

Les chameaux avaient bu.

Le roi AVOIR se met à hurler. Il est dans une colère noire. Il est vaincu. Hugo est plus malin qu'il ne le pensait.

Va-t-il lui donner la clé de la réussite ?

Il s'apprête à disparaître discrètement lorsque la fée Nina lui tape sur l'épaule :

– Eh ! Dites-moi, roi AVOIR, vous avez perdu ! Hugo a bien répondu à vos questions. Vous n'auriez pas oublié de lui donner quelque chose ?

Le roi fouille dans son grand manteau et tend la clé à Hugo, qui la saisit très rapidement, la serre très fort, puis la glisse dans sa poche de peur que le ROI MÉCHANT ne change d'avis.

Hugo est rassuré, maintenant. Il a réussi à obtenir ses deux premières clés.

Hugo lève les yeux vers le tableau magique pour remercier quand même le roi AVOIR, mais celui-ci s'est envolé.

– Je ne suis pas près de l'oublier, celui-là ! dit Hugo à Nina.

À chaque fois que je le trouverai dans mes dictées, je grimperai tout en haut d'un mur que je fabriquerai en posant mon doigt, ou mon crayon, après le participe passé et hop ! je sauterai de l'autre côté en disant : « **Qui** ou **Quoi** » ? Maintenant, je sais que je n'accorde que lorsque je suis obligé de repasser par-dessus le mur pour trouver la réponse. C'est génial ! dit Hugo à la fée Nina.

La bonne fée lui murmure à l'oreille :

– Avant de te quitter, je vais te faire encore deux autres cadeaux.

À toi de gagner !

● Hier, les éléphants du parc n'ont pas [mangé] assez d'herbe, de feuilles, de racines et d'écorces.

Hier, les éléphants du parc n'ont pas mangé assez d'herbe...

● Pourtant, certains avaient [avalé] 100 kilos de nourriture.

Pourtant, certains avaient avalé 100 kilos de nourriture.

● Mais ces 100 kilos n'avaient pas [suffi].

Mais ces 100 kilos n'avaient pas suffi.

● Avec les 150 kilos qu'ils ont tous [absorbé] aujourd'hui, ils se sentent mieux.

Avec les 150 kilos qu'ils ont tous absorbés aujourd'hui, ils se sentent mieux.

● Ils ont vite [englouti] les bottes d'herbe que je leur avais [donné].

Ils ont vite englouti les bottes d'herbe que je leur avais données.

● Ils sont [reparti] heureux.

Ils sont repartis heureux.

Chapitre 3
La bataille

● ● ●

– Tu sais, Hugo, il peut arriver que dans une phrase les deux rois soient là tous les deux ensemble, le gentil et le méchant.

– Ah, dit Hugo. C'est possible, ça ?

– Je vais te montrer.

La fée Nina s'approche du tableau magique et écrit cette phrase :

Les chasseurs ont été [poursuivi] par les gorilles.

– Eh bien, tu vois Hugo, dans « **ont** », tu reconnais le roi AVOIR. Dans « **été** », tu reconnais le roi ÊTRE. Ils sont donc bien là tous les deux. D'après toi, Hugo, lequel d'entre eux va gagner la bataille ?

– La bataille ! C'est comme dans le jeu de cartes que je connais.

– Là aussi, tu peux dire « bataille ». Et qui va gagner d'après toi ?

– J'espère que c'est le plus gentil des deux rois !

– C'est exact, Hugo. C'est le roi ÊTRE qui gagne, lorsqu'il y a bataille.

– Que vas-tu faire maintenant pour gagner ta troisième clé ?

– Je vais demander : « **QUI EST-CE QUI** a été poursuivi par les gorilles ? » Je cherche, et je trouve « **Les chasseurs** » : masculin, pluriel. Nina, je peux écrire ma réponse sur le tableau magique ?

– Allez, vas-y, je te regarde.

Hugo accorde « poursuivi » en ajoutant un **s**.

Les chasseurs ont été poursuivis par les gorilles.

– Mon ami, j'ai le grand honneur de te décerner cette troisième clé. Celle-ci est en or. Garde-la sur ton cœur, elle te portera bonheur. Hugo, je vais partir, maintenant, et toi, tu vas te lever pour te rendre à l'école.

Ce matin, tu as une dictée, et tu l'as bien préparée... Tous les deux, nous avons bien commencé à explorer le royaume des mots. Je te quitte pour la journée. Hugo, sois rassuré, je reviendrai te voir sans faute, ce soir.

Quand tu te coucheras, souffle trois fois sur ta clé en or et je serai de nouveau là.

Hugo est très impatient de revoir Nina. Alors, après avoir pris soin de ranger ses trois clés dans son tiroir à secrets, il se prépare à partir pour l'école, le cœur léger.

Hugo se souvient alors que, cette nuit, la fée lui avait parlé de quatre clés. Elle lui en a déjà donné trois, et elle lui a dit « À ce soir ! ». Il sait au fond de lui que tout se passera bien, il ferme sa porte et prend le chemin de l'école...

● Les jeunes singes ont été [nettoyé] par leurs mères.

Les jeunes singes ont été **nettoyés** par leurs mères.

● Ils avaient été [débarrassé] de leurs poux.

Ils avaient été **débarrassés** de leurs poux.

● Des caresses leur auront été [donné] pour les endormir.

Des caresses leur auront été **données** pour les endormir.

Chapitre 4
Un traître à démasquer

● ● ●

Hugo rentre de l'école avec, dans son cartable, la dictée du jour. Il n'a pas eu zéro, comme d'habitude. Il a bien reconnu le roi ÊTRE et le roi AVOIR. Il a bien appliqué tout ce que Nina lui a fait découvrir. La maîtresse l'a d'ailleurs félicité. Quel bonheur pour lui ! Après le repas, Hugo monte se coucher à toute vitesse. Il a rendez-vous avec Nina !

Allongé sur son lit, il souffle, comme convenu, trois fois sur sa clé en or et attend, les yeux fermés... Quelques secondes plus tard, Nina est là...

– Bonsoir Hugo, tu as l'air joyeux ce soir !

– Je suis content, Nina. J'ai très bien travaillé à l'école, aujourd'hui. Le roi ÊTRE et le roi AVOIR étaient souvent là dans la dictée. J'ai fait exactement comme tu me l'as appris. Mais tu sais, Nina, dans la dictée, il y a deux phrases que je n'ai pas su écrire correctement. Pourtant j'ai posé la bonne question au roi ÊTRE, je lui ai demandé : « **QUI EST-CE QUI EST ?** » mais la maîtresse a souligné deux erreurs et je n'ai pas osé lui demander pourquoi. La première phrase était : « Ma sœur s'est acheté des bonbons » et la deuxième : « Elles se sont parlé ».

– Bon, dit Nina. C'est bien pour cela que je suis revenue ce soir. C'est un piège assez rare et compliqué du méchant roi AVOIR. Hier soir, je ne pouvais pas t'en dire plus. Il fallait que, tout seul, tu découvres le dernier défi du roi AVOIR.

– Encore un coup monté !

– Tu sais, Hugo, il arrive, de temps en temps, que le roi AVOIR prenne la place du roi ÊTRE. Il devient alors un traître à démasquer.

– Ah, non ! dit Hugo. Ce n'est pas possible que le roi AVOIR soit si méchant ! Alors, je vois le verbe « être », et c'est le verbe « avoir » qui s'est déguisé !

– Je le regrette, mais c'est pourtant la vérité. Écoute-moi bien ! Tu dois te tenir vraiment sur tes gardes quand tu trouves ceci dans une phrase...

Sur son écran magique, Nina fait apparaître une liste que Hugo connaît déjà, mais il remarque surtout l'avertissement qu'elle dessine soigneusement :

Je 💣me suis
Tu 💣t'es
Il ₒᵤ elle ₒᵤ on 💣s'est
Nous 💣nous sommes
Vous 💣vous êtes
Ils ₒᵤ elles 💣se sont

– Quand tu vois cette alerte, les choses deviennent plus compliquées. D'habitude, tu poses une seule question pour savoir comment accorder le participe passé ; mais là, il faudra en poser deux. La deuxième servira à démasquer le traître, s'il est là ! C'est une question magique.

Nina écrit la phrase de la dictée de Hugo sur son écran.

Ma sœur ●*s'est [acheté] des bonbons.

– Qui est là, Hugo ? Est-ce le roi GENTIL ou le roi MÉCHANT ?

– Le roi GENTIL, le roi ÊTRE, répond Hugo sûr de lui.

– Quelle question dois-tu toujours lui poser quand tu le rencontres ?

– Je lui demande « **QUI EST-CE QUI** s'est acheté des bonbons ? Nina lui dit alors :

– Hugo, tu vois le roi ÊTRE dans cette phrase ?

– Oui, et je vois aussi l'alerte du ●*me, te, se qui m'indique que, peut-être, le roi AVOIR s'est caché là-dessous.

– Bien, Hugo. Pour savoir s'il est là, pose-lui la question qui le démasquera.

– C'est la question magique ?

– Oui, elle est très importante.

– Alors, dis-moi.

– Pose la question : « **À QUI ?** », « **À QUOI ?** » ou « **POUR QUI ?** », « **POUR QUOI ?** ».

– Tiens ! dit Hugo, ça ressemble aux questions du roi AVOIR : « **QUI** » ou « **QUOI ?** ». Ça ressemble, mais en plus compliqué.

– Oui. Si le roi AVOIR est là, caché là-dessous, il ne peut pas s'empêcher de répondre à la question magique. Et toi, tu l'auras démasqué.

– Il se cache, il se déguise, mais il ne peut pas se taire ?

– Il parle si tu lui poses les questions qu'il aime. Tu demandes au roi ÊTRE :

QUI EST-CE QUI s'est [acheté] des bonbons ?

Ma sœur s'est [acheté] des bonbons !

– Pose-lui en plus la question magique :

Demande : « Ma sœur a [acheté] des bonbons À QUI ? POUR QUI » ?

Ma sœur a [acheté] des bonbons... à elle-même, pour elle-même !

– C'est le roi AVOIR qui répond. Il se démasque. Il est là, ce traître, ce méchant qui cherche à te faire tomber dans ses pièges. Tu as la preuve qu'il s'est déguisé en ÊTRE. Traite-le désormais comme il le mérite.

– Je sais, dit Hugo, je vais le traiter comme le roi AVOIR, à partir de maintenant.

– Puisqu'il est là, fais comme d'habitude avec lui. Sors ton mur, Hugo. Et hop, saute par-dessus et pose-lui sa question favorite « **QUI** ou **QUOI** ? ».

– Tu vois, « les bonbons » sont de l'autre côté du mur.

– Alors ? demande Nina.

– Je file sans me retourner, je n'accorde pas.

Ma sœur s'est acheté des bonbons.

– Je sens, Hugo, que tu te rapproches de plus en plus de ta dernière clé… Alors, comment vas-tu t'y prendre avec cette autre phrase ? demande Nina.

Elle efface d'un claquement de doigts ce qui était écrit sur son tableau et dit à Hugo :

– Allez, à toi de jouer maintenant :

Les bananes que les singes 💣se sont [partagé] étaient vertes.

– Je vais suivre tes conseils, Nina.

Hugo se lance, il n'a plus peur.

– Je vois le gentil roi ÊTRE, mais je suis en alerte car je vois aussi 💣**se**. Je commence de toute façon par m'adresser à lui comme d'habitude : « **QUI EST-CE QUI [se sont partagé des bananes] ?** » La réponse est « les singes ». J'entoure « les singes » avec mon crayon pour garder la réponse en mémoire.

Les bananes que (les singes) 💣se sont [partagé] étaient vertes.

Puis je pose la question magique pour démasquer AVOIR : « **POUR QUI** les singes ont [partagé] des bananes ? ». Oui, pour qui ?

– **Pour eux-mêmes** ! Le roi AVOIR n'a pas pu s'empêcher de répondre. Il est démasqué. Génial ! J'adore jouer, alors...

Hugo reprend et il se dit :

– Puisque AVOIR est là, je vais maintenant m'en occuper. Je pose mon mur, je saute de l'autre côté en demandant :

Les singes ont [partagé] QUOI ? Réponse : des bananes !

Les bananes que les singes se sont [partagé] étaient vertes.

– Nina ! Nina ! Il m'a répondu « des bananes », mais il faut que je remonte mon mur pour trouver la réponse.

Hugo réfléchit :

– Avec AVOIR, si je remonte mon mur, ce n'est pas pour rien ! Alors regarde-moi faire, roi AVOIR : « bananes » c'est féminin, je mets un **e**. Et c'est pluriel, je mets un **s**.

Les bananes que les singes se sont partagées étaient vertes.

– À bas le traître !!! Je t'ai eu, AVOIR !!! J'ai gagné ma dernière clé.

Nina sourit et dit à Hugo :

– Avant de te récompenser, je voudrais que l'on essaie ensemble, une dernière fois, puis je te laisserai seul pour la dernière phrase. Es-tu d'accord ?

– Je suis prêt !

Nina fait apparaître une nouvelle phrase :

Les hippopotames se sont [baigné] dans la piscine.

Hugo n'attend pas que Nina lui demande quoi faire, il fonce tête baissée dans l'aventure. Il se dit :

– Je vois ÊTRE et je vois aussi l'alerte 💣se. Je commence toujours par demander à ÊTRE : « **QUI EST-CE QUI s'est baigné dans la piscine ?** ». Réponse : « **Les hippopotames** », et il entoure soigneusement sa réponse.

(Les hippopotames) se sont [baigné] dans la piscine.

Puis, à l'aise pour démasquer le traître AVOIR, il demande « **À qui ? À quoi ? Pour qui ? Pour quoi ?** ».

Là, Hugo se dit :

41

– Impossible de répondre : **Les hippopotames se sont [baigné] à qui, à quoi ?** Ça ne veut rien dire, ça n'a pas de sens ! Cette fois, AVOIR n'est pas là. Est-ce que je vérifie quand même en sortant mon mur, Nina ?

La fée le rassure :

– Hugo, la question magique a fait son travail. Sois sûr de toi, le traître n'est pas là ; adresse-toi au roi ÊTRE et fais comme d'habitude avec lui.

– « **Les hippopotames** », c'est masculin et c'est pluriel, alors je mets un **s** pour le pluriel.

Les hippopotames se sont baignés dans la piscine.

– Bravo Hugo, lui dit Nina ! Passons maintenant à l'autre phrase de ta dictée. C'est ta dernière épreuve, je te laisse seul quelques instants. À toi de jouer, Hugo !

Nina écrit ceci sur le tableau magique et disparaît :

Elles se sont [parlé].

Hugo respire un bon coup et se lance dans cette dernière épreuve. Il raisonne en pensant tout bas ...

– Je fais exactement comme Nina m'a appris.

– Je vois ÊTRE, donc je lui demande « **QUI EST-CE QUI [se sont parlé]** ? » Réponse : « **Elles** ». Je suis en alerte, puisque je vois 💣**se**.

– J'entoure ma réponse en me disant de ne surtout pas aller voir plus loin dans la phrase. Alors, je pose la question magique pour démasquer le traître : « **À QUI elles ont** [parl<u>é</u>] **?** ».

– Réponse « **À elles-mêmes** ». AVOIR a répondu à ma question, il est là ! Alors, je ne panique surtout pas, il serait trop content. AVOIR vient de me répondre. Je m'occupe de son cas :

– Je pose mon mur juste après « parlé ».

– Je lui pose la question habituelle « **QUI** ou **QUOI ?** ». « Parlé **QUI** ou parlé **QUOI ?** » ça ne veut rien dire, et il est impossible de trouver une réponse à cette question, ni derrière mon mur, ni en le remontant.

– Alors, comme d'habitude avec AVOIR, je file sans me retourner, je n'accorde surtout pas.

Elles se sont parlé.

Je file, Nina, je file... Hugo s'en va en sifflotant ! Il semble très satisfait. Il pense tout bas. C'est génial d'arriver à combattre AVOIR en le démasquant.

Ces questions **À QUI ?** ou **À QUOI ?**, **POUR QUI ?** ou **POUR QUOI ?**

sont vraiment magiques. Le roi AVOIR s'y laisse prendre : s'il est là, il ne peut pas s'empêcher de répondre. Quand c'est singulier, il répond « **à lui-même** » ou « **à elle-même** » et quand c'est pluriel, il répond « **à eux-mêmes** » ou « **à elles-mêmes** » ou « **l'un à l'autre** ».

Hugo a fait un bon bout de chemin, il entend au loin la voix de Nina qui lui dit :

– Où comptes-tu aller comme cela ?

– Oups..., je rêvais !

AVOIR, le traître, a perdu ! J'ai déjoué tous ses pièges les uns après les autres, mais sans toi, jamais je n'aurais réussi. Merci, ma fée Nina. Le roi AVOIR est un sournois, maintenant je te crois...

44

Chapitre 5

Le cadeau venu du ciel

● ● ●

– Hugo, tu es un garçon formidable. Si tu savais comme je suis heureuse d'avoir pu t'aider. D'ailleurs, voici ta dernière récompense. Je te donne ta quatrième clé. Regarde, comme elle est belle. Elle est incrustée d'éclats de pierres précieuses que j'avais rapportées d'un long voyage à l'intérieur de ma baguette magique. Ce sont des morceaux d'étoile filante.

– Nina… Je n'ai jamais rien vu de pareil. Quel cadeau !

– Hugo, avant de t'endormir, promets-moi de ne jamais te séparer de tes quatre clés. Range-les dans ton tiroir à secrets. Avant chaque dictée, ouvre ton tiroir et regarde-les attentivement toutes les quatre. Tu verras, tout te reviendra en mémoire comme si j'étais à côté de toi. C'est le pouvoir magique des quatre clés réunies.

– Nina, ne me dis pas que l'on ne se reverra plus jamais... Si j'ai à nouveau besoin de toi, est-ce que je pourrai souffler trois fois sur ma clé en or, comme ce soir, pour que tu viennes me retrouver ?

– Hugo, promets-moi juste de ne pas t'en séparer pour l'instant. Garde-les précieusement avec toi.

– Oui, oui... Mais Nina, si tu pars, tu vas me manquer.

– Sois patient, Hugo. Aie confiance en toi et tout ira bien...

Hugo suit Nina des yeux. Elle disparaît très vite au milieu des étoiles.

Il tient sa dernière clé encore bien serrée dans le creux de sa main. Il se sent calme, léger, heureux maintenant. Il est fier de lui. Il se dit que Nina a raison. Il faut qu'il ait confiance en lui. Et, c'est à ce moment précis que la clé laisse jaillir un rayon lumineux si puissant, si brillant, et qui monte si haut dans la nuit que Hugo le suit des yeux jusqu'au milieu du ciel. Comme un crayon magique, le rayon se déplace et laisse une trace. Hugo voit se dessiner au plus noir de la nuit une phrase qui lui est destinée :

À TRÈS BIENTÔT,
NINA

Chacun des quatre
chapitres
se termine
par une rubrique
" À toi de gagner ! ",
qui permet
au lecteur
du conte
de vérifier
la progression
de sa maîtrise
de ces accords
du participe passé.
Découpez les clés
ci-contre
au fur et à mesure,
pour les remettre
à leur destinataire.

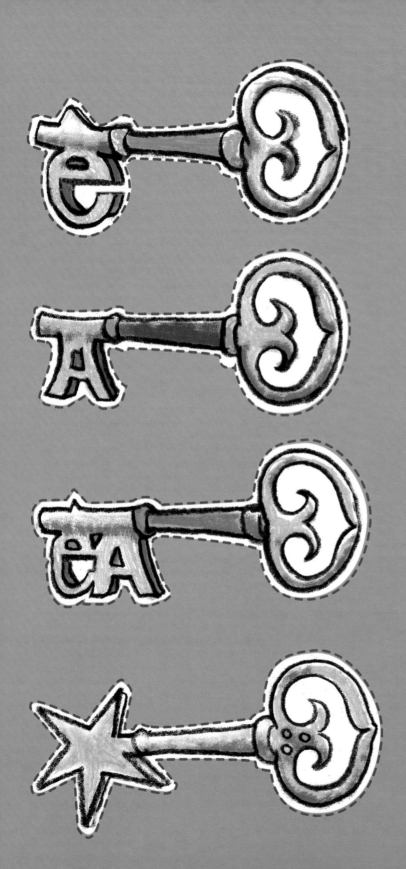

N° éditeur : 10116112 - Dépôt légal : juillet 2004
Imprimé en France par Mame Imprimeurs à Tours (n° 04062066)